Das
Steuerprogramm
der Reichsregierung

Vortrag

gehalten am 3. Februar 1919 auf einer

vom Bayer. Industriellen-Verband, Centralverband des deutschen Großhandels, Gr. Bayern, Hansa-Bund, Landesvorstand Südbayern, Kaufmännischen Verein München von 1873 und Münchener Handelsverein

veranstalteten Versammlung

von

Dr. Otto Kahn,
Rechtsanwalt in München

1919
München, Berlin und Leipzig
J. Schweitzer Verlag (Arthur Sellier).

Druck von Dr. F. P. Datterer & Cie. (Arthur Sellier) München-Freising.

Verehrte Anwesende!

Eine Tatsache und mehrere Ziffern. Die Tatsache:

Eines der ersten Schweizer Bankinstitute, und zwar ein nicht zu den deutschfeindlichen gehöriges, schreibt vor 14 Tagen an einen der ersten süddeutschen Großindustriellen wie folgt: „Wir sind zu unserem Bedauern gezwungen, Ihnen nach langjähriger angenehmer Geschäftsverbindung den Kredit zu kündigen. Mit Rücksicht auf die in Deutschland zu erwartende, in ihren Grundzügen angekündigte Steuergesetzgebung können wir eine deutsche Firma nicht mehr als kreditfähig betrachten", und die Schweizer Bank liquidierte zum großen Schaden des Industriellen die in ihrem Besitz befindlichen Deckungen.

Einige Ziffern:

Das Defizit der bayerischen laufenden zweijährigen Budgetperiode ist auf annähernd 250 Millionen Mark zu schätzen; die preußischen Staatsbahnen haben eine Unterbilanz von über 1 Milliarde Mark zu verzeichnen.

Der Banknotenumlauf der Reichsbank beträgt über 23 Milliarden Mark, die ausgegebenen Darlehenskassenscheine über 10 Milliarden Mark. Rechnen wir die anderen umlaufenden Geldsurrogate dazu, so dürfte die Summe von 40 Milliarden nicht zu hoch gegriffen sein. Diesen Geldmitteln steht ein stark verminderter Stand an Sachgütern gegenüber. Im Jahre 1796, während der französischen Revolution, im Zeitpunkt als die Hochflut der Assignaten alle Dämme gesprengt hatte, belief sich der Assignatenumlauf auf 45½ Milliarden Franks! Die entsetzlichen Folgen sind bekannt.

Hiemit haben Sie die beiden Pole des ernsten, furchtbaren — da vielleicht unlösbaren Problems.

Die Reichsleitung ist am Sylvesterabend des Jahres 1918 den ersten Schritt zur Lösung des Problems gegangen: sie hat ein Steuerprogramm veröffentlicht.

In drei Abschnitten:

I. Zunächst die abschließende Regelung der Kriegsgewinnbesteuerung,

II. dann die viel diskutierte einmalige Vermögensabgabe,

III. endlich die Grundsätze der regelmäßigen direkten Reichssteuern der Zukunft.

Dem ersten Abschnitte des Programms ist bereits eine Tat gefolgt; die Kriegssteuergesetzentwürfe sind veröffentlicht.

Das Steuerprogramm spricht von „Einziehung" der Kriegsgewinne; Einziehung, nicht Besteuerung. Das Wort Einziehung klingt hart, hat etwas fatalen Beigeschmack. „Eingezogen" werden nach unserem juristischen Sprachgebrauch die Gewehre des Wilddiebes, die wucherischen Gewinne, die Mittel und Ergebnisse verbrecherischer Handlungen. Wenn also die Kriegsgewinne eingezogen werden, dann sollte es sich um widerrechtliche, zum mindesten unmoralische Gewinne handeln. Man müßte somit erwarten, daß die Besteuerung treffen würde vor allem die Kriegsgewinne in populärem oder vielmehr unpopulärem Sinne; den Hyänen, nicht des Schlachtfeldes, sondern der Heimat sollte der Raub entrissen werden.

Eine solche Maßregel mußte und muß allgemeine und unbedingte Zustimmung finden.

Aber dann durfte man eine Kriegsgewinnsteuer erwarten, die endlich ihrem Namen Ehre machte. Aber was ist geschehen? Zwei Gesetzentwürfe sind der Diskussion unterstellt:

Schablonen früherer Gesetze.

Das Kriegsabgabegesetz für 1918 wird wiederholt; das Vermögenszuwachssteuergesetz, wie wir es für den 31. Dezember 1916 erlebten, erscheint in zweiter und nur wenig verbesserter Auflage. Wenig verbessert. Denn unleugbare Mängel und Unvollkommenheiten der Steuergesetze werden wahrlich nicht dadurch gemindert, daß man die Steuersätze einfach ins maßlose erhöht, doch das Prinzip beibehält.

Man hatte bisher der Kriegsgewinnbesteuerung zwei verschiedene Prinzipien zugrunde gelegt: Verschieden für juristische Personen, d. h. im wesentlichen Aktiengesellschaften und Gesellschaften mit beschränkter Haftung; verschieden für die natürlichen Personen, zu welchen auch die Gesellschafter von offenen Handelsgesellschaften und Kommanditgesellschaften gehören.

Die juristischen Personen, die Kriegsgewinnler, die die Öffentlichkeit am meisten erregten, insoferne ihre Dividenden, Bonus, Tantiemen, Kapitalserhöhungen, Genußscheine mit Recht Entrüstung erwecken mußten, diese Gesellschaften wurden von Anfang bis zum Ende nach einem einheitlichen Prinzip der Kriegssteuer unterworfen in Form der Mehrgewinnbesteuerung.

Die während des Krieges erzielten Mehrgewinne eines Kriegsgeschäftsjahres, das Mehr gegenüber dem normalen Friedensgewinn wurde staffelmäßig herangezogen. In den drei bis jetzt vorhandenen Gesetzen und Gesetzentwürfen wurde die Staffel erhöht, bis sie jetzt mit 80 % des Mehrgewinns als Ausgangspunkt und mit Degression für geringere Mehrgewinne das englische Vorbild endlich erreicht hat.

Das Prinzip dieser Gesellschaftsbesteuerung ist richtig.

Bereits das erste Kriegsgewinnsteuergesetz — es ist merkwürdig, daß die ersten Länder, die eine Besteuerung dieser außerordentlichen Gewinne ins Werk setzten, neutrale waren — nämlich das dänische, hatte dieses Prinzip in dem einzigen Paragraphen, aus dem es besteht, angenommen.

Die Kriegsbesteuerung der Gesellschaften soll auf dieser Grundlage zum endgültigen Abschluß gelangen. Der neue Gesetzentwurf sieht vor die Besteuerung des Kriegsgewinns des fünften Kriegsgeschäftsjahres. Für die Gesellschaften war der Verflüchtigung der Kriegsgewinne durch Sicherungsverordnungen vorgebeugt, deren letzte — bekanntlich im Verordnungswege im November 1918 ergangen — die Rücklage von 80 % des Mehrgewinns verfügte. Der Entwurf sieht, wie erwähnt, endlich den 80 %igen Steuersatz vor. Er enthält nur eine Änderung prinzipieller Art. „Beträgt die von der abgabepflichtigen Gesellschaft zu entrichtende Staats- oder Gemeindeeinkommensteuer zusammen mit der Kriegsabgabe mehr als 90 % des Mehrgewinns, so ist die auf den Mehrgewinn entfallende Staats- und Gemeindeeinkommensteuer derartig zu kürzen, daß sie zusammen mit der Kriegsabgabe 90 % des Mehrgewinns nicht übersteigt.“ Also 10 % des Mehrgewinns sollen der Gesellschaft verbleiben, einerlei welche Summe in absoluter Ziffer diese 10 % ausmachen.

Aber diese Begünstigung ist eine Noblesse des Reichs auf Kosten der Einzelstaaten, der Einzelstaaten, die ohnehin in schlimmster Misère leben, und der Gemeinden. Das ist bedenklich. Und wie ist es mit den Ertragssteuern, wie wir sie in Bayern haben — als Grundsteuer, Haussteuer, Gewerbesteuer — zu halten? Werden sie bei Berechnung der 90 % nicht berücksichtigt? Nach dem Wortlaut des Entwurfes nicht. — Zu fordern ist, daß einige bisher hervorgetretene Zweifelsfragen durch Regelung im Gesetze selbst der Praxis der Steuerbehörden, und damit dem Zweifel und dem willkürlichen Ermessen, entzogen werden. Die Zweifelsfragen aus dem unsicheren Gebiete der Abschreibungen und Rücklagen, insbesondere der Rücklage für Überführung in die Friedenswirtschaft. Bisher haben wir lediglich in den Ausführungsbestimmungen, die ja nicht Recht schaffen können, nur Anweisungen an die Steuerbehörden enthalten, Andeutungen gesehen. Das gleiche Bedürfnis nach gesetzlicher Regelung dieser Materie besteht auch für den Einzelkaufmann und den offenen Handelsgesellschafter.

Es ist zweckmäßig, vielleicht nach dem Beispiel des schweizerischen Gesetzes Bestimmungen aufzunehmen folgenden Inhalts:

„Es können über die normalen hinausgehende Abschreibungen gestattet werden, wenn in einem Betrieb in den früheren Jahren infolge ungünstiger Geschäftsergebnisse die erforderlichen Abschreibungen unterlassen werden mußten und der Buchwert den wirklichen Wert übersteigt, oder wenn sich infolge vermehrter Inanspruchnahme der Betriebseinrichtungen im Steuerjahr eine außerordentliche Wertsverminderung ergeben hat. Ferner, wenn ein Betrieb sich für die Bedürfnisse des Krieges eingerichtet hat und voraussichtlich nach Schluß desselben die Betriebseinrichtungen eine wesentliche Entwertung erfahren werden.“

Das alles gilt und muß gelten selbstverständlich auch für die Bilanzen der Einzelkaufleute; denn es geht nicht an, die Gesellschaften, die ohnehin besser gestellt sind als die Einzelpersonen, auch in diesem Punkt noch zu bevorzugen.

Noch ein Hinweis auf das Schweizer Gesetz, das wohl Nachahmung finden könnte!

„Zur Überprüfung der Abschreibungen sind anzugeben:

Bei Grundstücken der Steuerwert.

Bei Gebäuden der Versicherungswert.

Bei Maschinen und Werkzeugen der Versicherungswert.

Bei Waren der Ankaufs- und Erstellungswert.

Bei Effekten der Kurswert am Bilanztag.

Bei Guthaben der Nominalwert.

Stellt sich in der Zeit, die zwischen dem Rechnungsabschluß und dem für die Einreichung der Steuererklärung festgesetzten Datum liegt, heraus, daß ein Vermögenswert in der Bilanz nachweislich zu hoch bewertet war, so kann bei der Steuerbemessung auf diesen Umstand Rücksicht genommen werden." —

Bestand bei der Gesellschaftsbesteuerung ein einheitliches Prinzip, so herrschte bei den Einzelpersonen dagegen ein widerspruchsvolles, tastendes, versuchendes, flickwerkartiges Gesetzgebungsverfahren. Die groben Fehler der Vergangenheit sind hier kaum mehr gut zu machen.

Es rächt sich bitter die verfehlte Finanzpolitik des Reichsschatzsekretärs Dr. Helfferich, der mit einer kurzen Dauer des Krieges und der Gewißheit einer Kriegsentschädigung rechnete.

Zunächst hatte man bei Einzelpersonen und offenen Handelsgesellschaften den Vermögenszuwachs besteuert, wie er sich seit Veranlagung des Wehrbeitrages, also seit dem 1. Januar 1914 bis zum 31. Dezember 1916 gebildet hatte. Aber nur die Mehrung des Vermögens, soweit sie am 31. Dezember 1916 noch vorhanden war, wurde gepackt und damit war eine Prämie für den Verschwender und eine Strafe für den sorgsamen Kaufmann, der alles erspart und investiert hatte, geschaffen.

Die Steuer enttäuschte. Man wartete zwei Jahre, um ein neues Kriegssteuergesetz zu schaffen, das Kriegsabgabegesetz von 1918, auf völlig veränderter Basis.

Hier brach man völlig mit dem Grundsatz der Erfassung des Vermögenszuwachses.

Man besteuert das Mehreinkommen, wie es im Jahre 1917 erzielt war, gegenüber dem normalen Friedenseinkommen, und zwar in durchgestaffelter Progression bis 50 %. Daneben eine unbeträchtliche Abgabe vom Gesamtvermögen. Diese Besteuerung des Mehreinkommens war gerechter, aber wiederum lückenhaft. Denn der Vermögenszuwachs, soweit er nicht auf Einkommen beruhte, also die Mehrung des Stammvermögens war frei.

Somit war frei beispielsweise der Konjunkturgewinn aus der Veräußerung eines Hauses, eines Geschäfts usw. Und das führte im vorigen Jahre bekanntlich zu unzähligen mehr oder minder scharfsinnigen Umgehungsversuchen.

So war der Stand der Erfassung der bis 31. Dezember 1917 erzielten Kriegsgewinne. Es verblieb somit noch die Besteuerung des Ergebnisses des Jahres 1918, und es verblieb die Ausgleichung der früheren Lücken, Unvollkommenheiten, Ungerechtigkeiten.

Zwei Gesetze sind vorgeschlagen:

Zunächst das Kriegsabgabegesetz für das Rechnungsjahr 1919, welches das Mehreinkommen des Jahres 1918 gegenüber dem Jahre 1913 heranziehen will und zwar mit den gleichen Sätzen, mit welchen das Mehreinkommen des Jahres 1917 besteuert worden war. Sodann aber wird alles bisherige nochmals rückwärts revidiert. Eine Vermögenszuwachssteuer will den gesamten Vermögenszuwachs der einzelnen Personen und Gesellschafter der offenen Handelsgesellschaften und Kommanditgesellschaften für die Zeit vom 31. Dezember 1913 bis 31. Dezember 1918 erfassen, mit einer Steigerung in scharfer Kurve, oder leider vielmehr nicht in einer Kurve, sondern in Staffeln, mit der Maßgabe, daß aller Vermögenszuwachs, der 500000 Mark übersteigt, in voller Höhe weggenommen und im Höchstbetrag ein Vermögenszuwachs von 202500 Mk. dem Einzelnen verbleiben soll.

Dies der Grundgedanke.

Ich will nicht wiederholen, was Sie in den Zeitungen vielfach gelesen und was Sie von Anderen bereits gehört haben. Ich erhebe folgende Beanstandungen:

1. Das Prinzip, den Vermögenszuwachs aus der Zeit vom 1. Januar 1914 bis zum 31. Dezember 1918 nochmals zu besteuern und zum größten Teile zu konfiszieren, ist falsch und ungerecht. Gewiß, es war ein Fehler, daß man für die ersten drei Kriegsjahre 1914, 1915 und 1916 nur den Vermögenszuwachs besteuerte und nicht das Mehreinkommen. Richtig mußte man beides kombinieren. Man mußte sowohl eine Mehreinkommensteuer als auch eine Vermögenszuwachssteuer für die drei ersten Jahre einführen.

Die Mehreinkommensteuer trifft den Kriegsgewinn, wie er in Einkommensform zutage trat. Die Vermögenszuwachssteuer trifft den Gewinn, der als Mehrung des Stammvermögens infolge des Krieges erzielt wurde durch Veräußerung von Vermögensgegenständen oder Erzielung ähnlicher außerordentlicher Einkünfte, die nicht unter den Einkommensbegriff fallen.

Der zweite Fehler war, daß das Kriegsabgabegesetz von 1918 nur das Mehreinkommen ersteuerte und nicht den Vermögenszuwachs.

Wieder eine Einseitigkeit!

Wenn man diese beiden Fehler jetzt richtig stellen will, wäre folgender Weg der gebotene:

a) eine Mehreinkommensteuer für das Mehreinkommen des Kriegsjahres 1918;
b) eine Vermögenszuwachssteuer für die Zeit vom 1. Januar 1917 bis 31. Dezember 1918;
c) eine nachträgliche Mehreinkommensteuer für die Mehreinkommen der Jahre 1914, 1915 und 1916 gegenüber dem Jahre 1913.

Diese drei Gesetze würden die Ungerechtigkeiten der jetzigen Entwürfe lindern, würden eine Minderung der Staffelung zulassen, die absolute Ziffernbegrenzung des Vermögenszuwachses vermeiden und würden finanziell gewiß kein geringeres Ergebnis bringen. Denn jede Steuer wird um so ergiebiger, je gerechter sie empfunden wird. Das Gefühl berechtigter Notwehr gegenüber dem Fiskus darf nicht aufkommen. Das der erste hauptsächlichste Einwand, der bisher meines Wissens noch von keiner Seite erhoben wurde.

2. Wiederum verzichtet der Gesetzgeber auf die Feststellung des eigentlichen Kriegsgewinns. Noch am 19. November 1918 hatte Staatssekretär Schiffer sich wie folgt geäußert:

„Die Kriegsgewinne werden mit voller Schärfe erfaßt werden, wir werden neue Mittel und Wege finden, um die Beträge, die ihrer Natur nach die eigentlichen Kriegsgewinne darstellen, wenigstens einigermaßen als solche auszusondern und stärker zu belasten."

Dieses Versprechen ist nicht erfüllt worden. Ich kann die müde Resignation nicht teilen, daß man auf die Feststellung dieses Begriffs verzichten müsse.

Warum gelang es den Engländern seit mehr wie 100 Jahren, die Einkommensteuer verschieden zu staffeln nach Art der Einkommensquellen, die nicht fundierten, die Arbeits- und Berufseinkommen zu schonen gegenüber den auf Besitz beruhenden Einkommen? Warum konnte sogar Japan die eigentlichen Kriegsgewinne gegenüber den natürlich erwachsenen Einkommensmehrungen schärfer abgrenzen?

Und wir nicht?

Herr Jaffé hat die Kriegsgewinne, die eingezogen werden können, mit genügender Bestimmtheit skizziert. Er hat ausgeführt, daß Kriegsgewinne diejenigen staatlichen Kriegskosten seien, denen keine wertentsprechende Leistung an Gütern oder Diensten gegenübersteht. Soweit die Landwirtschaft in ihren Heereslieferungen an Vieh, Getreide, soweit Industrie und Gewerbe mit Lieferungen von Kanonen und Munition, Geräten, Fahrzeugen, Ausrüstungsgegenständen und soweit der Handel mit Rohstoffen und Fertigfabrikaten aller Art den Wert ihrer Lieferung zu steigern und damit erhöhte Preise zu beziehen verstanden hatten, soweit somit eine Überforderung vorlag, ist einziehbarer Kriegsgewinn gegeben, der schlechthin weggesteuert werden muß.

Diese Jafféche Begriffsbestimmung wäre dahin zu erweitern, daß auch der durch Kriegskonjunktur hervorgerufene Vermögenszuwachs, der nicht auf Lieferung und Dienstleistung beruht, nicht Einkommen, sondern Vermögensmehrung ist, ruhig eingezogen werden kann. Der „Mehrwert" im Sinne der sozialistischen Theorie, der nicht verdient, sondern erschlichen ist, ist einzuziehen.

Der Gesetzgeber hat schwierigere Fragen schon bewältigt.

Zimperlichkeit ist allerdings nicht geboten; unsere Not fordert und rechtfertigt eine gewisse Brutalität, aber der Versuch, einigermaßen Rücksicht auf Gerechtigkeit und Leistungsfähigkeit zu nehmen, muß doch gemacht werden!

Mehreinkommen und Vermögenszuwachs, welche auf gesteigerten Fleiß, welche auf naturgemäße Ausdehnung eines Betriebs zurückzuführen sind, auf Realisierung von Friedensarbeit, oder die nur scheinbar sind, müssen schonender behandelt werden, damit noch ein Ansporn zu künftiger Tätigkeit gegeben ist. Schlimm genug, daß von verbrauchter Arbeitskraft nach unserer Steuergesetzgebung keine Abschreibung zulässig ist, während die kleinste Maschine abgeschrieben werden darf.

3. Bei Berechnung des Vermögenszuwachses geht man wiederum vom rechtskräftig festgestellten Wehrbeitragsvermögen als Anfangsvermögen aus. Je niedriger dieses Vermögen, desto größer der Vermögenszuwachs und die Steuer. Eine Korrektur des Wehrbeitragsvermögens soll nach dem Entwurfe möglich sein, wenn bei der Veranlagung „ein Rechtsirrtum des Steuerpflichtigen oder der Behörde vorlag". Warum bloß ein Rechtsirrtum? Die Juristen wissen, daß die Distinktion zwischen Rechtsirrtum und tatsächlichem Irrtum vielfach unmöglich ist. Und ich fürchte, daß diese Bestimmung nur dazu dient, um das von einem unvorsichtigen Steueramt seinerzeit zu hoch veranlagte Wehrbeitragsvermögen nachträglich zu mindern und so eine Korrektur nur als fiskalische Maßregel zu ermöglichen!

Dann wird das Endvermögen wieder festgestellt auf den 31. Dezember 1918 nach den Vorschriften des Besitzsteuergesetzes. Zugerechnet werden wie früher gekaufte Altertümer, Luxusgegenstände, Antiquitäten, Schenkungen, Lebensversicherungsprämien, ins Ausland verbrachtes Vermögen, Vermögensübergaben, aber auch alle Anschaffungen, die 10000 Mk. übersteigen, also bezahlte Kleider, Pelze, Hauseinrichtungen. Das macht pro Jahr Mk. 2000, die gestattet waren und das scheint bei unseren Preisen doch recht niedrig gegriffen. Die praktische Durchführung ist mir ein Rätsel. Der praktische Effekt, den Verbraucher, den Verschwender schärfer zu treffen, kann besser erreicht werden, wenn wir das Verbrauchsprinzip einführen bei der Einkommensteuer, d. h. wenn wir zulassen, daß an Stelle des erzielten Einkommens die Steuerbehörde den Verbrauch der Einkommensteuer zugrunde legt! Das wäre auch ein Zwang zu vernünftiger Sparsamkeit.

Auf das entschiedenste muß dagegen Stellung genommen werden, daß infolge der Verweisung auf die Vorschriften des Besitzsteuergesetzes die Liebesgabe für Grund- und Hausbesitz wiederholt wird; bekanntlich war für Grund- und Hausbesitz, der bereits am 31. Dezember 1913 im Eigentum des Steuerpflichtigen stand, der beim Wehrbeitrag festgestellte Wert auch für die Besitz- und Kriegssteuer zum 31. Dezember 1916 maßgebend — und diese Vorschrift soll wieder erneuert werden!

Die große Wertsteigerung des landwirtschaftlichen Besitzes, vor allem der Forsten, wird wiederum nicht von der Steuer erfaßt. Das ist eine Benachteiligung, eine einseitige Belastung von Industrie und Handel, gegen welche Protest erhoben werden muß!

4. Die Mehreinkommensteuer zeigt unverändert die häufig beklagten Mängel, daß sie nämlich verschieden wirkt nach der buntscheckigen Verschiedenheit der einzelstaatlichen Einkommensteuergesetzgebungen. Um nur ein drastisches Beispiel hervorzuheben: Die zum Vergleich herangezogenen Jahre sind in den Einzelstaaten verschieden. Die bayerische Regelung, wonach die Differenz der Steuerjahre 1919 und 1915 entscheidet, kann dazu führen, daß der im Jahre 1917 erzielte Kriegsgewinn überhaupt keiner Mehreinkommensteuer unterliegt; nämlich dann, wenn die Veranlagung für das Jahr 1919 auf Grund der Bilanz per 31. Dezember 1918 erfolgt, oder wenn wesentliche Änderungen im Stande der Einkommensquelle vorliegen, so daß für das Steuerjahr 1919 der mutmaßliche Gewinn dieses Jahres der Veranlagung zugrunde zu legen ist.

5. Die Steuersätze des neuen Vermögenszuwachssteuergesetzes enthalten eine weittragende Neuerung. Der Vermögenszuwachs wird in absoluter Ziffer auf 202500 Mark, einschließlich des steuerfreien Zuwachses, als Maximalgröße begrenzt. Unleugbar ist dies ein dem Wesen des Sozialismus notwendig entsprungener Gedanke; der Gedanke der Konfiskation hält hiemit seinen Einzug in die Steuergesetzgebung. Wenn man aber die privatkapitalistische Wirtschaft noch, ich betone ausdrücklich „noch“, fortbestehen lassen will, was ja nach den Sozialisierungsdebatten zu erwarten ist, dann hätte man diese Konfiskation aus grundsätzlichen Erwägungen streichen sollen. Keinesfalls darf sie eintreten ohne Rücksichtnahme auf die Quelle und Art des Zuwachses.

Ist die Geldentwertung bei Festsetzung der absoluten Ziffern: des steuerfreien Vermögenszuwachses, des zulässigen Maximalsatzes, der abgabefreien Anschaffungen, der Höchstgrenze des Vermögenszuwachses genügend berücksichtigt?

6. Die Steuer ist in verhältnismäßig kurzer Frist zu entrichten, nämlich zur Hälfte binnen drei Monaten nach Zustellung des Bescheids, zur andern Hälfte bis 1. Februar 1920.

Beträgt die Abgabe für den Steuerpflichtigen mehr als 100000 Mark, so ist der 50000 Mark übersteigende Betrag zur Hälfte in Kriegsanleihe zu zahlen. Grundsätzlich erfolgt deren Annahme zu dem auf den Stichtag, das ist 31. Dezember 1918, festgestellten Kurs; weist jedoch der Steuerpflichtige nach, daß er Zeichner der Kriegsanleihe ist, so soll er sie zum Nennwert abgeben können — einer der wenigen Fälle, in denen die bei der Aufforderung zur Zeichnung von Kriegsanleihe gemachten Versprechungen erfüllt werden.

Die Zahlung der Steuer in Geld dürfte vielfach unmöglich sein.

Ein großer Teil des Vermögenszuwachses ist immobilisiert, investiert. Man war bis zum Kriegsende auf diese Konfiskation nicht gefaßt gewesen.

Wie sollen in der kurzen Zahlungsfrist diese Beträge flüssig gemacht werden? „Ihr laßt den Armen schuldig werden, dann überlaßt Ihr ihn der Pein.“ Das Problem der vorgesehenen Naturalabgabe beschäftigt uns später.

Auch wenn alle diese ernsten Bedenken beseitigt sind, werden sie doch e i n e Bestimmung des Gesetzes nicht überflüssig erscheinen lassen, nämlich den „Generalpardon“. Der Gesetzgeber arbeitet mit Zuckerbrot und Peitsche. Mit der Peitsche rigoroser Strafbestimmungen und mit dem Zuckerbrot des Generalpardons. „Wer bei einer Veranlagung zur Reichs- oder Staatssteuer Vermögen oder Einkommen angibt, das bisher der Besteuerung entzogen worden ist, bleibt von allen Strafen frei und ferner frei von der Verpflichtung zur Nachzahlung der Reichs-, Staats- und Gemeindesteuer.“ Voraussetzung ist, daß keine Strafverfolgung eingeleitet war.

Dieser langersehnte Generalpardon hat eine weitgehende empfindliche Lücke. Es gibt bekanntlich hartgesottene Sünder, über deren jetzige Besserung sich der Gesetzgeber ja am meisten zu freuen hätte. Die haben nun beim Wehrbeitrag vom 31. Dezember 1913 ein zu geringes Vermögen angegeben. Dieses Vermögen gilt nunmehr als Anfangsvermögen. Was sie nun damals verschwiegen haben und heute angeben, wird ihnen als „Vermögenszuwachs“ sozusagen konfisziert. Für diese überaus zahlreichen Fälle ist also der Generalpardon ein leeres Wort oder vielmehr — eine hinterlistige Falle.

Wenn der Generalpardon Wirkung tun soll, dann muß er folgende Ergänzung erfahren:

Wer nachweist, daß er bei Veranlagung des Wehrbeitrages nicht angegebenes Vermögen besaß, hat den Wehrbeitrag nachzuzahlen, ist aber von sonstigen Strafen und Nachholungen befreit, hat auch nicht das beim Wehrbeitrag verschwiegene Vermögen als Vermögenszuwachs zu besteuern. —

Auch zur Sicherung der Kriegssteuer der Einzelpersonen ist Vorsorge getroffen. Ich meine das subjektive Steuerfluchtgesetz, wonach bei Aufgabe inländischen Wohnsitzes Sicherheit geleistet werden muß; die Paßverordnungen; dann die zahlreichen objektiven Steuerfluchtverordnungen: — sie verraten erfreulicherweise das Walten einer kundigen geschickten Hand — die Ersichtlichmachung der Abwanderungen von Kapitalien ins Ausland durch die mit Rückwirkung auf 1. Juli 1918 geschaffene Offenbarungspflicht; dann die Regelung der Warenstatistik. Vor allem aber die neueste am 13. Januar 1919 erlassene Verordnung über Aufstellung von Vermögensverzeichnissen, die bis 31. März 1919 einzureichen sind. Das Stichtagvermögen für den 31. Dezember 1918 ist festzustellen, um ein Beweisdokument zu schaffen. Dabei weitgehende Erweiterungen. Es sind nämlich mitaufzuführen:

a) das ausländische Grund- und Betriebsvermögen — dies obwohl es steuerfrei ist, also wieder eine scharf wirkende Kontrollmaßregel für das ins Ausland verbrachte Vermögen.

b) Beträge, die seit dem 1. Januar 1918 zu Schenkungen oder Vermögensübergaben verwendet worden sind, über den Mindestbetrag von 1000 Mk. hinaus.

c) Beträge, die seit dem 1. Januar 1914 zu Anschaffungen jeder Art verwendet worden sind, soweit diese Gegenstände am 31. Dezember 1918 noch vorhanden sind und der Anschaffungswert zusammen den Betrag von 10000 Mk. übersteigt, also Möbel, Kleidungsstücke.

Damit ist im Verordnungswege das Gesetz schon vorweggenommen, ohne die Beratung der Nationalversammlung abzuwarten. Aber ohne Rechtsfolge! Vielmehr bestimmt § 5: „Späterer gesetzlicher Regelung bleibt es vorbehalten, welche Rechtsnachteile sich an die nicht rechtzeitige oder unvollständige Aufstellung des Vermögensverzeichnisses anknüpfen". Das ist in den Annalen der Rechtsgeschichte ein einzig dastehender Vorgang. Welcher Rechtsnachteil ist hier angedeutet? Eine Strafe kann nachträglich nicht bestimmt werden: denn ohne Strafgesetz keine strafbare Handlung! Es ist anzunehmen, daß die Einziehung von verschwiegenem Vermögen vorgeschlagen wird — eine Ausstrahlung des ernsthaft erörterten Gedankens, den Steuererklärungen legalisierende Kraft beizulegen: nicht deklariertes Vermögen soll des Rechtsschutzes entbehren.

Die Verordnung ist fiskalisch wirksam, aber politisch unklug. War es notwendig, unseren Gläubigern, den Feinden ein Vermögensverzeichnis zu schaffen, ehe sie ihre Forderungen formulieren; wie ein zum Offenbarungseid vorgeladener Schuldner. Der Generalpardon ist auch auf dieses Verzeichnis zu erstrecken; die Steuerbehörde darf nicht das Verzeichnis zur Grundlage einer Strafverfolgung machen, die den Generalpardon ja ausschließen würde! — Eine Verlegung des Stichtages vom 31. Dezember 1918 auf den 1. Juli 1919 halte ich nicht für zweckmäßig. Denn dann wäre auch der Gewinn des Jahres 1919 erfaßt und das ist doch sicherlich kein Kriegsgewinn; an ein Revolutionsgewinngesetz denkt heute ja noch niemand.

Es ist mit Recht darauf hingewiesen worden, daß die Einziehung der Kriegsgewinne — ohne gleichzeitig die Einwirkung der künftigen Belastung der alten Vermögen zu berücksichtigen — ungerecht wirke. Das ist richtig, aber vielleicht nicht vermeidbar. Wohl aber sind — ehe die Steuersätze festgestellt werden — die Ergebnisse der Besitz- und Kriegssteuerveranlagung per 31. Dezember 1916 und soweit, wie beispielsweise in Preußen, das Material vorliegt, die Ergebnisse der Kriegsabgabe für 1918 und das landesrechtliche Einkommensteuerergebnis der letzten Jahre zu veröffentlichen. Heute haben wir nur eine Ziffer: 152 Milliarden des Wehrbeitrags, und das ist keine vergleichbare Größe.

Immerhin, die Kriegsgewinne müssen auf das schärfste erfaßt werden, ohne Rücksicht wie die künftige Finanzorganisation gestaltet wird und zwar baldmöglichst.

Dagegen bildet einen integrierenden Bestandteil der künftigen Finanzpolitik der zweite Programmpunkt: die allgemeine Vermögensabgabe. Diese allgemeine Vermögensabgabe soll von dem nach Einziehung der Kriegsgewinne verbleibenden Vermögen erhoben werden, von allen, auch den alten Vermögen.

Sie dient der teilweisen Abbürdung der Kriegsschuld; aber dieser fiskalische Zweck soll nicht ihr einziger sein. Sie soll die Wirkungen der Inflation beseitigen und damit zur Senkung des Preisniveaus führen. Sie soll unsere Valuta verbessern.

Wenn man solche weittragende Zwecke verfolgt, dann ist eine genaue statistische Grundlage unumgänglich erforderlich. Andernfalls liegt nur dilettantische Pfuscherei vor. Wie Herr Geheimrat Professor Dr. Lotz mit Recht bemerkt: ohne genügende Diagnose keine ersprießliche ärztliche Behandlung. — Hüten wir uns vor dem Überwuchern des Zahlengefühls. Wir haben jeden Maßstab für Summen verloren. Wir schätzen mit Fehlergrenzen von Milliarden; wir rechnen heute schon mit Zahlengrößen wie die Geologen mit Jahrmillionen d. h. mit Symbolen! —

Die allgemeine Vermögensabgabe — ein viel bestrittenes Problem. Ob sie volkswirtschaftlich zweckmäßig ist, ob sie steuerlich gerecht ist — das sind mehr wie offene Fragen. Aber die Reichsregierung hat sie dem Zwange der Not folgend als beschlossene Sache in ihr Programm aufnehmen müssen. Wird die erhoffte Wirkung auf die Inflation, auf die Geldentwertung und Valuta eintreten? Auch hier ein Schlagwort, das einer eingehenden Analyse bedürftig ist. Richtig: je geringer der Geldwert, je geringer die Kaufkraft des Geldes, desto höher der Preis der Waren. Ob aber die Vermehrung der Zahlungsmittel, die Inflation mit Zahlungsmitteln, die ausschlaggebende Ursache für das Sinken des Geldwertes und damit für das Steigen der Preise sei, ist keineswegs feststehend. Die Frage ist ja alt; sie wurde vor 100 Jahren in England, in den Zeiten der englischen Papiergeldkrise, leidenschaftlich erörtert, ohne eine eindeutige Antwort zu finden. Die Vermehrung der Geldmittel wirkt zur Steigerung der Preise mit, aber sie wirkt doch nur in zweiter Linie mit — und auch heute werden unsere Preise durch die Knappheit an Waren, an Arbeitskraft vornehmlich bedingt sein. Dasselbe gilt von der Valuta, von dem Wert unserer Währung, gemessen am Werte der fremden Währungen. — Wird unsere notleidende Valuta — die Mark ist nicht mehr als 45 Pfg. — wird unsere notleidende Valuta durch die steuerliche Einziehung der Geldmittel gehoben? Ich sage: nein. Nach wie vor wird die Valuta regelmäßig zunächst und hauptsächlich durch die Zahlungsbilanz bestimmt und solange wir keine Forderungen gegen das Ausland erwerben, sei es durch Aufnahme eines Valutakredits, sei es durch Export, sei es durch Arbeit — ebensolange wird unsere Valuta schlecht bleiben. Warum steht der

Dollar in der Schweiz schlecht, obgleich Amerika nicht an Inflation leidet und geregelte Steuergesetzgebung hat — nur, weil die Zahlungsbilanz für Amerika ungünstig ist.

Die innere Ordnung und die Aufnahme geregelter Arbeit, der Wiederbeginn der Produktion, wird unsere Valuta nachhaltiger und günstiger beeinflussen als jede Steuergesetzgebung.

Die Grundzüge der allgemeinen Vermögensabgabe sind bekanntgegeben:

1. Sie wird erhoben von dem nach Einziehung der Kriegsgewinne verbliebenen Vermögen. Es ist zu vermuten, daß der 31. Dezember 1918 als Stichtag ins Auge gefaßt ist; denn sie soll die Vermögensabgabe des Kriegsabgabegesetzes ersetzen. Jeder Stichtag ist notwendigerweise die Quelle von Ungerechtigkeit, weil er ein Zufälligkeitsmoment in sich birgt.

Das den Kriegsgewinnern verbliebene erschöpfte Vermögen wird nochmals angepackt. Es ist zu erwarten, daß aber für diese Vermögen eine Vergünstigung eintritt.

Soll aber die Bewertung des Vermögens die gleiche sein, wie die des Besitzsteuergesetzes? Damit wären die Ungerechtigkeiten dieser Bewertung verewigt, insbesondere die Liebesgabe an die Grundbesitzer.

2. Die Steuer soll in starker Progression ansteigen. Ob auch hier eine zulässige Maximalgröße aller Vermögen geschaffen werden will? Vor durchgreifender Vergesellschaftung unserer Volkswirtschaft wird das unmöglich sein.

3. Familienstand, Alter, Erwerbsfähigkeit sind zu berücksichtigen — das sind Selbstverständlichkeiten, die aber mehr Würdigung finden müssen, als es in den veröffentlichten Kriegssteuergesetzen der Fall war.

4. Die Vermögensabgabe soll in der Art ihrer Erhebung den verschiedenen Gattungen der Vermögensanlagen Rechnung tragen.

Rechnung tragen: das kann geschehen durch Einräumung von Zahlungsfristen. Das wird bei den künftig regelmäßig wiederkehrenden schweren Lasten nicht genügen. Geboten ist: Zulassung der Naturalabgabe.

Der Steuerpflichtige zahlt die Steuer durch Abtretung von Vermögenswerten: Durch Abtretung von Grund und Boden, durch Bestellung einer Grundschuld, durch Einräumung von Beteiligungen, Abtretung von Effekten, durch Hingabe von Warenvorräten, durch Übertragung von Kunstwerken usw.

Hier entstehen aber unendliche Schwierigkeiten, die ich nur andeuten kann.

Wem soll das Wahlrecht eingeräumt werden: dem Fiskus oder dem Steuerpflichtigen? Wer soll entscheiden, ob Geldzahlung erfolgt oder Naturalabgabe?

Es dürfte sich empfehlen: dem Steuerträger das Recht einzuräumen, diejenigen Vermögensobjekte namhaft zu machen, durch deren Abtretung er die Vermögensabgabe zu leisten beantragt. Die Steuerbehörde darf von dem Antrag nur aus Gründen der Staatsnotwendigkeit, die gesetzlich namentlich angeführt sein müssen, abweichen (Rücksicht auf landwirtschaftliche Siedelungspolitik, Valutapolitik, Rücksicht auf Einführung von Monopolen).

Wie hat die Bewertung der abzutretenden Vermögensteile zu erfolgen? Der Steuerpflichtige hat die Bewertung vorzuschlagen. Kommissäre haben sie zu prüfen, der Fiskus hat das Recht, zu dem vom Steuerpflichtigen angegebenen Werte die Vermögensteile zu übernehmen. Das schützt den Fiskus gegen zu niedere Bewertung.

Wie kann das Reich die erhaltenen Vermögensteile verwerten, liquidieren? Es wird sie regelmäßig liquidieren müssen, ausgenommen bei Grund und Boden, der zu Ansiedelungszwecken verpachtet wird. Hier ist des großzügigen Planes Dr. Somary's, der Errichtung einer nationalen Grundschuldenbank und einer Effekten- und Industriebank zu gedenken, welche durch Pfandbrief- und Obligationenausgabe die Verwertung ermöglichen sollen! Als Vorbild hätte, um Überwuchern bureaukratischer Verwaltung zu verhüten, die gemischt-wirtschaftliche Unternehmungsform der Reichsbank zu dienen.

Sie sehen, eine Fülle der schwierigsten Fragen taucht auf und dabei ist die Hauptfrage, die Sie vornehmlich interessieren wird, nicht berührt — wie hoch soll diese Vermögensabgabe werden? Und diese Frage zu beantworten, wäre heute Charlatanerie, wäre reines Rätselraten. Ehe statistische Unterlagen vorliegen, kann ein Steuersatz überhaupt nicht festgesetzt werden. Die Reichsregierung gibt die beruhigende Versicherung ab: die Grenzen volkswirtschaftlicher Leistungsfähigkeit sollen nicht überschritten werden.

Der frühere badische Finanzminister Reinbold hat einen Vorschlag veröffentlicht:

Bei einem Vermögen von

200 000 Mk.	eine Steuer von	10 000 Mk.
400 000 Mk.	„ „ „	30 000 Mk.
600 000 Mk.	„ „ „	60 000 Mk.
800 000 Mk.	„ „ „	100 000 Mk.
1 000 000 Mk.	„ „ „	150 000 Mk.
4 000 000 Mk.	„ „ „	2 100 000 Mk.

Der überschießende Teil des Vermögens soll vollständig konfisziert werden.

Und nach dieser schmerzhaften Operation kommt der Dauerzustand, der dritte Teil des Programms, die künftigen regelmäßig wiederkehrenden Einkommens- und Vermögenssteuern.

Zunächst der Ausbau der Besitzsteuer, die in dreijährigen Intervallen von jedem Vermögenszuwachs erfolgen wird. Dem Expansionstrieb privatkapitalistischer Wirtschaft werden strenge Fesseln angelegt.

Dann die Besteuerung der hohen Einkommen. Die hohen Einkommen sollen stärker belastet werden, indem die Reichseinkommensteuer mit weitergeführter Progression mindestens für diese Einkommensteuerstufen eingeführt wird. Daß die Progression, die in Bayern heute mit 6 % aufhört, weitergeführt wird, ist durchaus richtig. Aber können die Einzelstaaten sich diese Einnahmequellen entgehen lassen? Bei welcher Einkommenshöhe soll die Reichsbesteuerung einsetzen: bei Einkommen über 100000 Mk.?

Man hat früher das Wort geprägt: Das Reich sei der Kostgänger der Einzelstaaten. Sollen in Zukunft die Einzelstaaten nur die Brosamen von der reichbesetzten Tafel des Reiches abbekommen?

Dann sollen die einzelnen Einkommensquellen in weiterem Umfange der Besteuerung erschlossen und dem Reiche zugänglich gemacht werden. Die Kapitalertragssteuer soll die Erträgnisse des Kapitals, Kupons, Dividenden, Hypothekzinsen, erfassen. Das geschieht schon bei uns durch die Kapitalrentensteuer und auch auf diese wird der Einzelstaat nicht verzichten können; denn diese bei uns bis jetzt nicht progressive Steuer muß ausgebaut werden.

Die Betriebsertragssteuer soll die gewissen, einen Mindestbetrag übersteigenden Gewinne geschäftlicher Unternehmungen erfassen. Das ist die Ertragsanlage unserer Gewerbesteuer. Soll damit auch eine Höchstgrenze der zulässigen Rentabilität geschaffen werden? Etwa nach dem amerikanischen Muster der Rüstungsindustrie, daß niemand mehr wie 8 % des investierten Kapitals verdienen darf? Die Frage, ob diese Einnahmen dem Reiche, ob sie den Einzelstaaten zufallen, muß gelöst werden, ehe diese Programmpunkte sich zu Gesetzen verdichten können.

Weiter kommt — aber viel, viel zu spät — die Erbschaftssteuer für Abkömmlinge und Ehegatten, selbstverständlich gleichzeitig eine Schenkungssteuer. Für die Höhe des Abgabesatzes, für welche bisher die Höhe des Nachlasses und der Verwandtschaftsgrad maßgebend war, soll als dritter Bestimmungsgrund das Vermögen des Erben in Betracht gezogen werden.

Ich vermisse hierbei das gesetzliche Erbrecht des Reiches, und das Pflichtteilsrecht des Reiches, wie es von Mannsfeld und Kuczinsky vorgeschlagen wurde: „Wenn bei Fehlen eines Testamentes keine Erben ersten oder zweiten Grades vorhanden sind, fällt das Erbe an das Reich; hinterläßt der Erblasser nicht mindestens drei Kinder, so kann das Reich von den Erben einen Pflichtteil — die Hälfte des gesetzlichen Erbteils eines Kindes fordern.“

Das Steuerprogramm schließt mit einem kurzen, aber schwerwiegenden Satze: Eine besondere Abgabenordnung soll dafür sorgen, daß die zu erlassenden Gesetze auch wirksam und gleichmäßig gerecht ausgeführt werden.

Der allgemeine Satz der wirksamen, gleichmäßig gerechten Durchführung des Gesetzes läßt hoffen, daß endlich, endlich auch der Rechtsgang im Steuerverfahren durchgeführt wird.

Die schwere Last der Steuern bleibt; an ihrem Zentnergewicht läßt sich nicht rütteln und deuteln, die Schwerkraft, die zu Boden drückt, können wir nicht wegzaubern. Aber leichter wird die Last getragen, wenn sie gleichmäßig und gerecht auferlegt wird, wenn die Steuerwilligkeit nicht unterbunden wird. Unsere Steuergesetze kranken an ungenügender Wertung der Steuerpsychologie. Die Art des Gesetzesvollzugs ist so wichtig wie der Gesetzesinhalt selbst.

Wie ist denn der Steuervollzug heute?

Ich muß als die Quintessenz meiner Erfahrungen leider immer wieder sagen: der normale Mensch, „das sog. Steuersubjekt", betrachtet heute den Fiskus als seinen Feind und die zu zahlende Steuer als eine Strafe, und der gewissenhafte Steuerzahler ist heute im Nachteil gegenüber demjenigen, welcher ein leichteres Gewissen und — bessere Nerven hat.

Warum das? Weil das Steuerverfahren veraltet ist, weil es heute noch den Formen des mittelalterlichen Inquisitionsprozesses ähnelt; weil der Gläubiger der Steuerforderung, der Fiskus, verkörpert durch die Steuerbehörde, gleichzeitig der Richter ist, somit Richter in eigener Sache; weil den Steuerbehörden die weitgehendsten Machtmittel eingeräumt, dagegen die Rechte des Steuerpflichtigen im Veranlagungsverfahren aufs äußerste verkürzt sind — nicht einmal das Recht der Akteneinsicht hat er, er wird nur zu oft verurteilt auf Grund eines Materials, das ihm nicht zugänglich war.

Die Rechtskraft der Veranlagung wirkt nach unserer jetzigen gesetzlichen Regelung eigentlich nur zugunsten des Fiskus und — wie die so häufigen Nachveranlagungen ergeben — nicht zum Vorteil des Steuerpflichtigen.

Weil mit kurzen Worten — das Verfahren nicht nach den Grundsätzen eines v e r w a l t u n g s r e c h t l i c h e n Verfahrens geregelt ist.

Welches Unding! Jede verwaltungsrechtliche Bagatelle wird in den sicheren Formen des Verwaltungsrechtsstreites durchgeführt. Nach Art. 10 Ziff. 31 unseres Verwaltungsgerichtshofgesetzes ist für Hundesteuersachen in dritter Instanz der hohe Verwaltungsgerichtshof mit fünf Richtern zur Entscheidung zuständig!

Und die Steuersachen, die Existenzfragen geworden sind — Sie haben von dem Selbstmord des Wiener Zuckerbäckers gelesen, der eine Steuerveranlagung erhielt, die höher war wie sein Geschäftsumsatz — diese Steuersachen, die jetzt so vielen und gerade den gewissenhaftesten, ehrlichsten Leuten Schlaf und Nerven rauben, jede Arbeitstüchtigkeit, jede Arbeitsfreude lähmen — diese vitalen Fragen werden heute behandelt wie vor 30 Jahren als reine Ermessensfragen!

Was nützt die dritte Instanz des Reichsfinanzhofes, der obersten Berufungskommission, wenn die Vorderinstanzen Verwaltungsinstanzen sind, die nur die Farçe eines Prozeßganges darstellen! Rechtsmittel haben ja keine aufschiebende Wirkung. Die unteren Instanzen, welche die t a t s ä c h l i c h e n Feststellungen zu treffen haben, sind für das Wirtschaftsleben das Entscheidende, nicht die Rechtsfragen.

Man schaffe endlich einen geordneten Rechtsgang in Steuersachen, man sehe davon ab, daß auch im Steuerwesen reine M a c h t p o l i t i k des Fiskus getrieben werde, und man führe das Prinzip des Rechtsstaates auch auf diesem Gebiete durch.

Ich fordere für alle Instanzen die konsequente Durchführung der beiden Hauptgrundsätze der Verwaltungsgerichtsbarkeit:

1. des Grundsatzes des rechtlichen Gehörs, d. h. vor der richterlichen Entscheidung ist dem Steuerpflichtigen die Möglichkeit unverkümmerter Rechtsverteidigung zu gewähren;

2. des Grundsatzes der Gleichberechtigung beider Parteien, des Fiskusvertreters und des Steuerpflichtigen, vor einem unabhängigen Richter, dem alle Macht- und Zwangsmittel einzuräumen sind, die er zur Fällung einer gerechten Entscheidung benötigt. —

Eine sozialistische Regierung hat ihr Steuerprogramm verkündet. Man muß ihm Gerechtigkeit widerfahren lassen. Es greift kräftig zu, stopft manche Lücken bisheriger Gesetzgebung, hat das Erbe einer von Grund aus verpfuschten Kriegsfinanzierung zu verwalten. Und die Kriegsgewinne müssen ohne jede Rücksichtnahme auf die Zukunft unserer Finanzen schleunigst aufs schärfste erfaßt werden. Aber das Programm schießt, wie dargelegt, in vielen Punkten weit über das Ziel hinaus. Gewiß: der privatkapitalistischen Wirtschaft ist der Expansionstrieb ins Unbegrenzte wesentlich. Nur äußerer Zwang, nur scharfe Steuergesetze können die Ansammlungen von Riesenvermögen und Rieseneinkommen hemmen. „Reichtum ist Seewasser, je mehr man trinkt, desto durstiger wird man.“

Aber: ich rufe den Radikalen Kautsky zum Eideshelfer auf:

„Die wichtigsten Staatseinnahmen werden unter allen Umständen die direkten Steuern auf Einkommen, Vermögen und Erbschaften bilden müssen. Nur darf man nicht vergessen, daß diese Steuern, wenn sie einen nennenswerten Ertrag liefern sollen, einen erheblichen Besitz und bedeutendes Einkommen voraussetzen, deren erste Vorbedingung wieder ein geregelter Gang der Produktion ist.“ —

Was frommt es, in trefflichen wohlgemeinten Aufrufen der gesamten werktätigen Bevölkerung aller Berufszweige das Evangelium der Arbeit zu predigen, und gleichzeitig durch überspannte Steuerforderungen, die auf soziale Gerechtigkeit wenig Rücksicht nehmen, die Arbeitsfähigkeit und Arbeitsfreudigkeit zu erdrosseln.

Das sozialdemokratische Erfurter Parteiprogramm enthält die Forderung: Abschaffung der indirekten Steuern, der auf Güterverteilung oder Güterverbrauch gelegten Steuern. Noch ist die Zeit nicht reif für die Durchführung dieses Programmsatzes. Vor Abschaffung der indirekten Steuern werden wir im Gegenteil erst noch ihren großzügigen Ausbau erleben.

„Die indirekte Steuer ist der einzige Weg, auf dem der nicht besitzende, nur von seiner Arbeit lebende Staatsbürger ohne Druck zu den Lasten des Staates herangezogen werden kann.

Und daß dies geschieht, ist gerade in einem demokratisch organisierten Staate, in dem der Einfluß der unteren Klassen auf die Staatstätigkeit und die Staatsausgaben ein so großer ist, nur gerecht und billig.

Selbstverständlich muß die indirekte Steuer sich von Gegenständen des zur Lebenshaltung unentbehrlichen Bedarfs tunlichst fernhalten und sich auf solche Dinge zu beschränken suchen, die an sich Jeder entbehren kann, ohne an seiner Gesundheit und Lebenskraft Schaden zu leiden oder die für den Minderbemittelten überhaupt nicht in Betracht kommen." In welchen Formen diese indirekten Steuern durchgeführt werden, ob in Form der Finanzmonopole, ob in Form der wirtschaftlichen Betriebe, ob auf dem Wege der Zwangssyndikate und der Staatsaufsicht und Staatsbeteiligung am Gewinn, oder ob und wie diese Formen zu kombinieren sind, welche Ersparnis-, welche Ergiebigkeitssteuern einzuführen sind, kann ich jetzt nicht einmal andeutungsweise erörtern.

Aber fest steht: die Besitz- und Eigentumssteuern können nur die eine Stütze des harmonischen Baues des erforderlichen organischen Steuersystems sein — und wenn diese Stütze überlastet wird, bricht der Bau zusammen und begräbt die Volksgesamtheit, nicht nur die Besitzenden, unter seinen Trümmern.

Läßt sich aber der Bau aufrichten? Das ist die bange Frage, die wir kaum zu stellen wagen und auf die wir eine Antwort heute nicht finden. Wie hoch werden unsere Schulden sein und wie groß unsere Mittel? Das ist das Alpha und Omega. Und ehe wir diese Frage mit aller möglicher Gründlichkeit beantwortet haben, so lange bleibt jedes Steuerprogramm nur ein Wunsch.

Und so fasse ich das Zukunftssteuerprogramm der Reichsregierung auf als einen Wegweiser, der die richtige Richtung weist; den Weg zum Ziel zu finden und ihn gangbar zu machen, ist aller Volksgenossen gemeinsame Aufgabe, gemeinsame Pflicht.